AF280925

Oliver **Russo**

Einfach, wahrer *und*
schön, kompliziert

G e d i c h t e

© Oliver Russo, Villingen-Schwenningen, 2003
Alle Rechte liegen beim Autor
Herstellung: Books on Demand GmbH, Norderstedt
ISBN 3-8330-0752-4

...für Tina

MHD

Oh ich glaube, ich bleibe hier
Es fühlt sich gut und richtig an
(verstehst du?)
Ich warte, warte nun bei Dir
Wie lange? – weiß nicht wann
Oder Überhaupt, hab mich nie wirklich getraut
So sicher zu sein
Nein!
Nun will ich ihn, den Schein
Und halten, gestalten
Zart, so furchtbar klein
In meinen Händen
Nichts zu verschwenden
Alles zu gewinnen
Laß es nicht entrinnen
Mein Leben – denn manchmal weiß ich
Ich werd' mein Bestes geben

Wieder ohne Titel

Sobald ich an diesem Heute erwache,
driften sie, schwinden sie, glaub nicht dass ich lache
Vergessen, verloren – wiedergefunden im Traum
In Finsternis und schwarzer See
Bald zehn Jahre such ich nach dem Raum
Woher die Kraft? – Ich glaub es kaum
Will nicht, kann nicht mehr
Keine Visionen, keine Bilder
Nur Erinnerungen wilder,
gelebter Welten
Wahr und schön, schön und echt
Längst verloren, bitteres Gefecht
Längst gelöst, trostloses Geflecht
Hier und jetzt, neu gewebt
Neu erlebt
Danach gestrebt
Nein, allein
Keine Kraft verblieben, stilles Sein
Grau, tot, der Schein – ich als Stein
Warten, starr, verloren...
und Rauschen in den tauben Ohren

Übermaß

Kann es sein, ist es wahr?
Oh ich denk schon und eben rüttelt Leben an deinem
Thron.
Der so fest erschien, selbst wenn sie nun daran zieh'n
Vielleicht vergeblich, ganz sicher redlich
Wenige die begannen, wider Strom dies Unterfangen
Grund genug mehr zu tun
Überschwenglich, innehalten, doch niemals ruh'n
Meine kleine Sünde
Wie gut Enthaltsamkeit dir stünde
Gewiß hört niemand wovon ich künde
Keiner glaubt und spürt wie sie uns beraubt
Lebenssäfte saugt
Ohne Zögern, ohne Halt
Züchten wir Einfalt
Doch Hoffnung keimt im kleinen Kreis
Wo er fließt – unermüdlicher Schweiß
Gegen Windmühlen und Windräder
Zur Sonne, zu Boden – Fremde Feder
Jeder für sich und alle gemeinsam
Schritt für Schritt ist es heilsam
Jeder für sich, jeder allein
Irgendwann ist dies das Sein
Jeder für sich, ich für mich, Du für Dich und allen die
Freiheit

BlitzLicht

Gewitterwolken die über Augen ziehen,
dunkel, schwer und wehend
Kann dem nicht entfliehen,
schwach, blaß und vergehend

So, was bleibt mir statt zu warten und das Unheil zu
empfangen
Hier in meiner Welt die Hand zu heben um den
Schlag zu fangen

Sitzen, in Ruhe kann mich nichts mehr Schrecken
Nein, nun nicht und auch niemals mehr
Keine Furcht in mir um sie zu wecken
Komm oh komm, mach es nicht so schwer

Laß mich nicht in Pein und Schein zurück
Tröste brüchiges Gebein und komm das letzte Stück

Nicht mehr fern
Erlischt mein Stern
Nicht mehr weit
Und beinah geweiht
Ja, und nun ganz nah
Ist nichts geblieben oder wie es vormals war

Einsame Nächte

In den Nächten so allein
Sich flüchten in Träume
Um dort glücklich und zu zweit zu sein
Doch bleiben es Träume

In den Nächten so kalt und leer
So sehne ich mir irgend jemand zu mir her
Doch bleibt es so schwer

In den Nächten – der Schmerz so eisern und hart
Er nähert sich auf leise Art
Schleichend kommt er zu mir gekrochen
Bedrückend wird er zum lauten Pochen
Oh Gott, was habe ich nur verbrochen
Was ist dieses Ding in mir
Wie heißt dieses Tier
Das mich zwingt so zu sein wie ich bin
Jeden Tag zu suchen nach irgendeinem Sinn
Oh wie heißt es dieses Ding

Eine *sonderbare* Kraft

Streng dich an und sei stark, sag ich zu mir jeden Tag
Dabei frag ich mich ob ich der Einzige bin,
der zu mir hält – in diesem Sinn
Es gibt kein Halten mehr in dieser Welt
Und das ist was mir mißfällt
Die Wogen - sie gehen drunter, gehen drüber
Und ich fürchte die Zeit der Gedichte ist wohl leider
auch vorüber...

Wunschtraumland

Dieser kleine Junge hier
Sitzt jeden Tag in mir
Und wünscht sich er wär' bei dir
Du wunderbares Land
Mit manchmal trockenem und dann wieder feuchtem
Sand
Komm gib ihm deine Hand
Er noch nie solch reine Luft empfand
Die Böen wehen schon jetzt durch die Finger seiner
Hand
Manchmal Meer und dann doch Land
Er will doch nur zurück ins Wunschtraumland

WerWo

Verwirrt, unwahr betrogen taumeln wir, versuchen
zu bestehen
Haushohe Wogen die über uns zusammenbrechen
Habt Ihr es gesehen?
Was bleibt ist Angst wahres niemals zu verstehen,
in dumpfer Stille zu vergehen
Zapfen aus Eis, die sich nach warmen Herzen recken
verlieren niemals ihren Schrecken?
Eiskalte Finger die nach Seelen greifen,
Ich mag es nicht begreifen

Und nichts bliebe uns,
als still und starr zu ruh'n,
ließen wir sie alles tun

So teilt das Leid
Seht weiter, zusammen, ihr Streiter,
führt uns die Reise
auf die einzige Weise

Leise, schwach, schon ist meine Stimme gebrochen
und allein, ein Echo versprochen,
in Dunkelheit und Finsternis, weitergegeben,
durch ein anderes Leben

- Morgen -

Der frühe Morgen
Ganz und gar noch ohne Sorgen
Dunkelheit entzieht sich wie die morgenwarme Decke
Langsam so dass ich nicht erschrecke

Die Luft ist frisch und kühl
Ich atme tief – welch ein Gefühl

Mich durchfluten Lebensgeister
Wohler dank dem Herrn und Meister

Rot und orange kommt der Sonnenball von Ost
hervorgekrochen
Sanfte, wärmende Strahlen durchdringen allmählich
das Land
Auf einen schönen Tag läßt sich nun hoffen
Oh welch Gefühl ich an diesem Tage, diesem Morgen
fand

Liebe, Musik, Menschen, Leben?

Schon der Versuch allein, sollte mir mißlingen; wie könnte ich auch beschreiben, wahres Zeugnis abgeben von Zauber, Schönheit oder Kraft; Schmerz und Trauer, der puren Energie...? Es gelingt nicht. Weder jetzt, heute, noch an einem morgen... denn nie könnte ich sagen wie es mich verzaubert und verstört, betört, vernichtet, richtet; inspiriert... Ich sag nicht was es ist, ich sag nicht was es sein könnte... denn der Name ist nur Schatten dieses Zaubers

. Schlaflied .

Aufs Neue jeden Abend, jeden Tag
Sagt er mir wie sehr er mich mag
Und in mancher Nacht auch noch mehr
Darüber zu sprechen fällt mir schwer
Es ist ein Schreien tief in mir
Die Seele fleht: Komm nicht zu mir
Mutter ahnt es doch schweigt weiter
Zum bösen Spiel bleibt sie nur heiter
Auf das die Schreckenswolken weiter ziehen
Oh könnt ich diesem Ort doch nur entfliehen

Wie wäre das?

Stell Dir jetzt mal vor,
ich schrei Dir ins Ohr:
„Lebe Dein Leben hier und jetzt
Sofort, bevor Du Dich setzt,
schon wieder alles versuchst,
um es nicht zu tun, wie betoniert zu ruh'n
Still, starr, nur scheinbar am leben."
Ja, was würdest Du für solche Worte geben?

Schließlich hörst Du sonst doch ständig zu
Folgst und gehst und kaufst und bist im Nu – Du
Oder womöglich doch ein völlig anderer?
Kein, Fast Food, Handy, Markenhosen-Wanderer?
Willenlos und stets darauf bedacht
Der zu sein, der am Ende lacht
Fassade, Anschein sagen Dir nicht viel
Ist doch sowieso Geschmack und Stil
Sicher, sicher – glaub ich Deinem Gekicher
Hör ich auf Dein Geschwätz
Verfang ich mich im Netz
Doch irgendwann wirst selbst Du es fühlen
Und Dich in Dunkelheit aufwühlen
Alles sehen können
Und Dir den Anblick gönnen
Gönnen müssen
Läßt Du Dich von totem küssen?
Die Sicht auf dauerhafte Wiederkehr und dem
Gegenteil von leer

..............Herbsttag..............

Da die Sonne nur noch schwach
Erwacht der Tag gemach

Es dauert bis der Nebel schwindet
Man Konturen der Landschaft findet

Kühle streift übers Land, die Heiden und Wälder
Wie Wellen schwanken die Ähren der Felder

Goldene Blätter rieseln nieder
Spielen im Wind, wieder und wieder

Und gehst du durch den Wald?
Spürst du im Schatten ist es kalt

Raschelndes Laub zu deinen Füßen
Tiere sparen nicht mit Grüßen

Du durchbrichst den Saum
Kletterst über einen alten Zaun

Eine Brise durchfährt dein Haar
Und du weißt es ist so wie jedes Jahr
Frisch, am Leben, wunderbar

Tauben(Pausen)schlag

Spür' die Hand im Rücken
Wie sie mich stetig weitertreibt
Doch stärker als das Drücken
Ist der Gedanke der an Schläfen reibt
Halt, Stop, ich will nicht mehr
Wünsche mir so sehr
Ein Atemholen, frische Luft, Leben, Zeit; Frühlingsduft
Befreit mich von dem Leiden
Denn so spür' ich mich ausweiden
Ängste, Träume, Pflichten
Und ich muß entrichten
Was ich Jahre tat
Welch Begleiter ihr bisher wart?
Nun will ich nur noch langsam
Weiter und weiter – warm
Ist Hoffnung, Rettung allenthalben
Frei sind einzig nur die Schwalben
Doch hab ich Zeit und seh ihren Flug
Ist es gut und vielleicht sogar genug

Gestern? – Lange Her!

Spür' den Sand,
den Wind, den Stein an meiner Hand
Vergess' die Zeit und dann noch mich
Eile zurück, gehe entlang, dem Lebensstrich
Einst, ist nun Jahre her,
war hier noch alles leer
Nur Wiesen, Weiden und die Mauer
Und jetzt? – Stille – und auch Trauer?
Heute allein, damals zu zweit
Was zu finden war ich bereit?
Wo liegt das Licht um Herzen zu befreien
Und mich unter Glücklichen einzureihen?
Denn ich spür' ihn wieder – meinen ersten Kuß
Doch das Handy klingelt und ich muß...

gehen

Erinnerungen

Jedesmal sobald ich wieder und hier bin
Kommen mir jene Tage in den Sinn
Damals vor so vielen, langen Jahren
Als man mich noch kannte als den Jungen mit den
golden, blonden Haaren
Ich saß oft auf dieser Brücke, diesem Steg
Das Holz das verband den Pfad, den Weg
Dann saß ich mit nackten Füßen einfach nur so da
Jeden Sommer, jedes Jahr
Ließ die Beine und die Seele baumeln
Mit Fantasie ließ sich prima taumeln
Viele Bücher hab ich dort gelesen
Es war ein solcher Segen
Die Sonne küßte mich und meine Wangen
Gar gelang es mir manchen Fisch zu fangen
Lauschte Vögeln, ihrem Treiben und Gesang
Mit Freunden ging ich am Ufer, stundenlang
In diesem, meinem Moos
Gebettet im natürlichen Schoß

Heute ist es lange her
Doch die Erinnerung fällt nicht schwer
Selbst wenn hier nun Reihenhäuser stehen,
Kinder meine Jugend nicht mehr verstehen,
sich nur noch vor dem Fernseher Spaß bereiten,
sich nur noch übers Internet verbreiten,
sich der Literatur allmählich ganz entsagen,
- werd ich sie nicht mit alten Anekdoten plagen

Hoffnung*(?)*

Warm, frisch, alles scheint vereint und ich grüble
einfach weiter, glaube, hoffe, könnte einfach
schreiben, ständig, immer, für mich, für sie, für EUCH
Oh wie wird mir leicht in Seele, Herzen, Innern
Irgendwann, so träum ich, möchte ich mich erinnern,
an schwere Zeiten, Wut, allein dann zähl ich zu den
Gewinnern
Im Kampf von Dunkelheit und Stille,
stummer Schreie und verletztem Wille:
Vergossen; zu viele Tränen, Blut und Wut
Vertan; zu viele Chancen, Streben und Leben
Vergessen; zu viel Liebe, zu viel Freude, zu viel von
dieser Welt das beruhigt, inspiriert, gefällt

Doch womöglich kommt es wirklich so
Vielleicht ist es dies,
den Gedanken genieß,
festhalte, an mich drücke, bis zum nächsten Fall vom
selbstgemachten Thron (alles wieder sinnlos scheint)
Denn den wilden Sturm, den hör ich schon (und der
Welten Hochmut durch mich weint)

Letzte Gedanken

Der Winde Kühle trifft geradewegs mein Herz
Vertreibt sogleich den mächtgen Schmerz
Auf einmal bin ich frei
Auf einmal scheint alles vorbei
Jegliche Probleme schlummern nur mehr in der Ferne
Gar weiter weg als all die Sterne
Das Bewußtsein ist getrübt
Keiner fragt wer hier noch lügt
Oder ist es womöglich klar
So wie es noch niemals war

Ich spüre kaum noch diesen Stich
Auch wenn sich die Wunde zieht wie ein roter Strich
Das Messer liegt im Dreck der Gasse
Und ich kann nichtmal sagen wie sehr ich all das
hasse

Sonnenaufgang

Heute geht es, schmerzt das Eis nicht gar so sehr
Heute geht es, sind die Tränen nicht ganz so schwer
Heute möchte ich an Dich denken,
an Dein Lachen, Deine Stimme,
möchte Dich riechen, hören
Heute, ja, kann ich nicht warten Himmel, Hölle,
Schicksal zu beschwören
Denn die Zeit, das Glück, ist noch so nah
Selbst das Laken spürt noch wie es war,
genießt die Wärme Deiner Haut
Hab mich Ewigkeiten nicht getraut,
erneut die Nacht darin zu ruh'n
Sag mir, was soll ich denn bloß tun
Wo liegt der Schmerz, was löscht mein Herz,
befreit mich von der Glut,
die gefräßig in mir ruht,
bereit alsbald hervorzuschnellen
und die Hoffnung jäh zu stellen?
Bebend greift nach mir die Qual
Ungehört bleibt mein Schrei im Saal
Doch ich kann Dir weder Folgen noch dies Leben
leben
Töricht ahne ich, niemand wird mir je vergeben

```
A       R
L       E
L       G
E       E
S       N
```

Regen fällt nieder
Tropfen treffen tief, durchnässen bis auf die Glieder
Nicht nur heute, immer wieder
Zeigt der Himmel seine Trauer
Bindfäden, gerade so wie eine nasse Mauer
Ist's wenn man aus dem Trockenen tritt
Feucht klatschen sie auf dein Gesicht
Wenn du in die Höhe schaust
Die Augen schließt und dem Gefühl vertraust
Im Dunkeln läßt sich munkeln

Schwarze Konten
Schwarze Farben
Doch weiße Westen wollen alle stetig tragen
Die Wahrheit ist da nicht zu haben
Für kein Geld der Welt
Und schon gar nicht für die Ehrlichkeit die man in
diesen Händen hält

Auf Einmal

Wenn er kommt bist du nicht mehr allein
Auf einmal wollen alle in der Nähe sein
Sie finden dich interessant
Faszinierend und galant
Schütteln gerne deine Hand
Denn du bist für vieles der Garant
Plötzlich haben sie schon immer an dich geglaubt
Dich niemals deiner Hoffnung beraubt
Dich nie mit Gleichgültigkeit verletzt
Dich nie vergessen und versetzt
Nie wurden sie durch Sehnsüchte entsetzt

Erfolg heißt das Zauberwort
Und doch wünschte ich, ich wäre an einem andren Ort
Weit weg, nur nicht hier, einfach nur fort
Es ist nun viel zu schwer
Bedrückend schwarz, wie Teer
Wer gehört zu mir?
Wer ist wahr?
Wer steht bei dir?
Wird es jemals klar?

Was für ein Problem?

Weder gestern, heute oder morgen
Ist meine Zeit frei und ohne Sorgen
Dabei ist es ein Gefühl, ein Zustand
Den bisher noch keiner verstand
Oder gar verstehen wollte
Alle fragten nur was das alles sollte
Sie wundern sich über dies und jenes
Einfach nur vergebens
Erfragen möchte ich nur den Sinn dieses, - meines Lebens

Fremde Welten
Halbe Hälften

Wieselflinke Widrigkeiten die dich heute stets
begleiten
Du versuchst auszubrechen, das Schicksal mit den
eignen Waffen auszustechen
Doch kann dir niemand Erleichterung versprechen

Jeder leidet an seinem Gebrechen
Jeder hat sein Kreuz zu tragen
Sprichwörter die nicht helfen und keinen Schmerz
verjagen
Oder steckt doch etwas wahres drin
Gibt es gar den tiefen Sinn
Antworten mußt du selber finden
Möglich das die Gespenster deiner Seele dann
verschwinden

I Schöne Dinge I

Wunderbare Sachen bringen uns zum Lachen
Scheußlich siechende Sadisten machen aus uns Statisten
Komparsen des Lebens suchen nach dem Sinn vergebens
Die Frage, die an große Denker erinnert
nur die Freude am hier und jetzt verringert
Intensiv und pulsierend bis hin zu lahm und gefrierend
sind die Dinge dieser Welt, doch keine Hand die sie in sich
hält
Das Große liegt verborgen und versteckt, glücklich jeder der
es entdeckt,
in kleinen Dingen die uns zum Weinen und zum Lachen
bringen

Liegenbleiben, bitte liegenbleiben!

Irgendwo irgendwie am Boden; der Teppich stinkt ein
wenig; doch nach Leben und ich suche nach der Zeit;
möchte liegenbleiben, lange, länger
Nicht aufstehen, nicht jetzt, nicht heute – nicht in
dieser Welt
Ich fühl', ich, mich; hier, ja, hier möchte ich sein
Denn wenn das Leben Leid ist, muß dies dann nicht
der Himmel sein, hier, jetzt?
Bitte, oh
Bitte, ooh, laßt mich hier – hier
Bitte, ooh
Bitte, tragt mich nicht fort, nicht an einen anderen Ort
Bitte – laßt mich hier

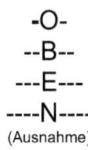

-O-
--B--
---E---
----N----
(Ausnahme)

Versunken, verloren und dann wieder geboren
Hier, über der Welt, die mir einzig dort gefällt, wo sie
ist wie sie war, von hier keine Gefahr
Denn für mich, im Geist, allein, könnte ich glücklicher
sein?
Sehe weit, blicke fern und atme frei
Nur dies scheint wichtig, der Rest einerlei
Fühle Leben, Energie
So frei, so sehr Vogel, so wie nie
Möchte es bewahren und hier verweilen
Niemals mehr düster weitereilen

I s o l i e r t

Du fühlst dich einsam, vom Leben abgetrennt
Stehst still während alles um dich weiter rennt
Bist allein und mußt um die Zukunft bangen
Schon lang ist das Lachen gewichen von den Wangen

Doch selbst in dieser großen Dunkelheit
Gibt es nichts das uns entzweit
Auch im allergrößten Sturm
Bin ich dein Land und dein Leuchtturm
Dann reich ich dir die Hände
Reiße ein, triste Nebelwände
Dann geb ich dir die Hand
Und bring dich zurück an Land
Führ dich weiter durch die gröbsten Schwierigkeiten
Glaub mir, werd immer bei dir sein und dich begleiten

Baumgeschichten

Stunden liege ich nun schon unter diesem Baum
Hänge Gedanken nach, träume einen Traum
Bin so weit weg von meinem Leben
Hab Visionen, laß sie neue Dinge weben
Aber kehre ich zurück
Nicht so schnell, Stück für Stück
Frage ich mich in meinem Traum
Was wohl wird aus diesem Traum von einem Baum
Der Duft von frischem Gras trägt mein Denken fort
So weit weg an einen anderen Ort
Plötzlich ist alles so ausgeglichen
Alle Sorgen, Ängste sind von mir gewichen
Höre allerlei Laute, Flüstern, viele Vogelstimmen
Wie sie das Bild des Frühlings überall bestimmen
Erkenne wie wundervoll sie klingen
Und laß mich forttragen auf breiten Schwingen

Krampfhaft standhaft

Ich tat alles was ich kann
Fragte nicht nach dem hier, nach dem wann
Und doch konnte ich sie nicht halten als sie rann
Fragte mich warum, wieso, bis ich mich entsann

So du bist also abgehauen
Bist geflüchtet aus meinen Klauen
Weißt du was, es ist mir scheißegal
Mich plagt keine Qual
Ich bin nicht traurig denn nun hab ich die Wahl
Durchschreite stolz den Saal

Denn eines weiß ich jetzt
Schließlich hattest du mein Herz besetzt
Ich kenne nun das Grauen, den Schreck
Den großen Fall, all diesen Dreck
Ich bin gebrannt und meide nicht das Feuer
Ich zweifle nicht, alles ist mir geheuer

Irgendwann werden wir uns wiedersehen
Dann werde ich gelassen in der Ecke stehen
Keine Träne wirst Du sehen
Und stellst Du mich auch deinem Neuen vor
Trifft kein böser Ton sein Ohr
Denn ich überlebte die Liebe die ich verlor

Nimm

Gelangweilt scheint die Decke über und für die Augen
das Tor in eine andere Welt zu sein
Offen und weit, für mich, warm, kalt und ich finde den
Pfad, sehe das Land, mich wie ich lag
Nicht mehr, erhoben, schwerelos
Holt mich die Süße dieser Welt
Rettet mich was mir gefällt
Denn hier liegt das Land, das jeder kennt
Jeder irgendwo verbirgt
Solange bis es verdirbt
Und stinkende Schwaden den Geist umgarnen
Wer wenn nicht Du kann Dich warnen?
Doch ich sehe wie sie ihre Ränke weben
Und alles schwindet, alles Leben
Hör mir zu, ich hab's gesehen
Willst Du nicht mit mir gehen?

Regen
      Fällt
an
            schönen
      Tagen

Tropfen tröpfeln über Fensterscheiben
Fesseln dich und du mußt bleiben
Der Blick nach draußen in das Grau der Tage
Du genießt es und es gibt für dich keine Frage
Lauschst den milden Tönen und der Melodie
Ähnlich; gleichen wird sie sich nie
Da ist ein helles Klingen auf dem Fensterbrett
Auch das dumpfe Platschen auf die Scheibe - nett
Hin und wieder durchbricht der Wind den Tanz
Zeitweise, doch nie ganz
Und Bäume neigen sich im Wind
Triste, graue Tage so schön wie sie sind
Und so zieht sich ein Lächeln über dein Gesicht
Ein bißchen traurig denn für die Ewigkeit sind sie nicht
Bilden sich Grübchen auf den Wangen
Lauschtest du doch den Tropfen die dort sangen

Wahre Welten und was sie gelten

Diese Welt ist nunmal verquer
Freundschaft, große Liebe gibt's nicht mehr
Nur noch heraufbeschworene Eitelkeiten
Wer wird das denn je bestreiten
Massenweise Lug und Trug
Ist's denn noch niemandem genug?

Doch trotz alledem glaub ich dran
Dass man sich noch helfen kann
Die Frage ist nicht wie, sie lautet wann

Näher kommen Hilfe leisten?
Oder doch sein wie die Meisten?
Hören, schmecken, bis zum Flehen
Ohne Blick rückwärts gehen

Nur nah zu sein, heißt alles sehen
Und so bleiben sie gefaßt als Wand dort stehen
Und so schrauben dicke Trauben geifernd Augen
Höher, weiter, schreit er?
So werden sie ihm alles rauben
Das Glück und Lachen seiner Tochter
Abgebrannt als Docht der Lebenskraft
Nie mehr gute Nacht
Nie mehr schlafend heimgebracht
Starr im schwarzen Straßengraben
Rundherum wie in Bienenwaben
Schwirren, irren sie umher
Totengräber... kann nicht mehr!

Kristin...

Ruhig, ohne Not trägt uns das Boot
Der Wind spielt eine Melodie
Läßt Bäume rauschen, Haare wehen, wie sonst nie
Sonnenstrahlen streicheln
Schaust hinab und schaust hinauf, zögerst noch ein
Weilchen
„Es wird Zeit ich muß wohl gehen."
Unendliches flutet mich doch es hilft kein Flehen
Getragen von Ängsten und ihrem Lachen
„Ach was machst Du nur für Sachen?"
Tröstend treffen deine Worte: „Irgendwo, irgendwann
werden wir uns wiedersehen."
Läßt dich fallen und mich stehen
Sinkst hinab so rasch von mir
Und mein Herz? – Es vergeht mit dir.

Wehe, wie wird Weilchen wiederkehren?

Trotzend, mutig für ein Weilchen zeigt er Euch die
Stirn
Geht keinen Schritt zurück und weiß es wird schon
reichen
Für immer, oder ein flimmerndes Weilchen?
Diesen Wind, kannst Du ihn spüren,
ahnen welche Ängste von ihm herrühren?
Wissen was es heißt, sobald er ständig beißt,
an allem zerrt und reißt - gleich dem wilden Tier
Oh ja – ha – ich vertraue – mir
Dir? Vielleicht, sobald es reicht – für ein Weilchen

Wahrheit? Keine Wahrheit!

Ich glaube nicht mehr dieser Mär,
von Gut und Böse
Ich will nur noch wissen, was werden sie vermissen
sobald sie Jordan überschreiten,
und nur Schwärze eilt sie zu begleiten
Schatten sich erheben, Feuer, Beben
Niemals vergeben, nicht in diesem Leben
Werden sie ahnen weshalb, warum?
Trifft es sie kalt oder bleiben ihre Seelen stumm,
so wie ihre Geister dumm?
Werden alle sehen, wie sie wehen, die Fahnen
blutgetränkter Bahnen, Leinen – Millionen, hört sie
weinen!
Fühlt ihr Klagen und erst danach könnt ihr fragen,
was wurde vertan,
wo lag die Logik in dem Plan?
Der doch nur eins bewirkt:
Lebendiges Fleisch, das verdirbt,
umspielt vom Schattenreigen und belohnt mit
Schweigen...

Doch ganz am Ende, laßt sie alles wissen
Auf das nun sie es spüren; verglühendes Gewissen

- - - - Bilanz - - - -

Warme Wogen der Sonne erfüllen diesen Tag wie
keinen
Leichte Brisen des Windes kommen hinzu
Allein sitzt du im Gras am Fluß und möchtest weinen
Doch trocken bleiben deine Lider
Nur Gedanken kehren wieder
Lassen dich nicht in Ruh
Hörst du ihnen zu?
Nun da du gehst von dieser Erde
Feiern Tag und Schönheit ein Erwachen
Rotes, warmes Rinnen auf das es besser werde
Ist's vorbei? ... Regen fällt! ... Und du? ... möchtest
lachen

Im Betrachten dieses Baches finde ich Ruhe
Zwischen den alten, kleinen Kieseln liegt das Glück
Stunde um Stunde, so scheint es, ist mein Blick gebunden
Doch sitze ich freiwillig an diesem Quell der wahren Freude
Nichts scheint mir ferner als meine Welt
Und nichts fremder

Ohne **Titel (a)**

Als sonderbar und fremd verschrien
Sah er viele jener Tage in die Lande ziehn
Tage wie sie jeder er- und auch überlebt
Waren bei ihm lang und zäh – dicht verwebt
Ein sonderbarer Trost:
Das Glück kommt zu dem der warten kann
Sei getrost und gut, dann kommt es irgendwann
Lange wurde ihm kaum bange
Doch die Hoffnung ging und das Glück kam nicht
So verlor er sein freundliches Gesicht
Erschüttert durch ein peingefülltes Beben
Konnte er sich selbst und den Glücklichen nicht
vergeben

Ohne Titel (b)

Mehr als das, kann ich nicht geben
Mehr und es wär' ein anderes Leben

Das zu sehen, dies zu fühlen und zu wissen
Kein Gefühl könnt ich noch mehr vermissen

Denn wenn die Zeit, zu Deiner wird
Anhält, wartet – nur ein Weilchen
Geb acht, auf dass sie nicht verdirbt
Es gibt den Ort sie zu begleichen

Du

Komm zurück, los komm nochmal
Fahl scheint die Nacht
Matt mein Gesicht
Zu viel noch ungesagt
Zu oft verzagt
Nie genug gewagt
Komm zurück
Und hör wie ich weine
Sieh was zu sagen nötig war
Fühl' nun, reich und klar
Was ich im Schatten sah
Versteckt, verborgen – finster
Meine Sorgen
Will nicht warten
Voller Haß denk ich an morgen
Grollend will ich Felsen brechen
Brandend Eis in Dich stechen
In ungeahnte Herzenstiefen bohren
Als gäb's kein gestern, heute und kein morgen
Als sei Geschick, die Welt und ich verloren

Doch weder Du noch die Zeit ist wirklich hier; ist da
Und so bleibt es - wie es immer war

Wir

Morgentau und frühe Sonne
Weich kitzelt und sanft streichelt sie
Zartes, grünes, feuchtes Gras
Neugeboren, still dort saß
Fühlte, spürte wie noch nie
Und genoß die prächt'ge Wonne

Als sie kam, die Morgensonne

Zeit'ger Vogel zwitschert lieblich
Lang gestreckt, ruh'n so friedlich
Putz'ger Sammler sammelt niedlich
Sanfte Feder fließt um Haut und Haar
So nichts zu stören, jemals hier war
Und nichts bedrohliches sie sah

Oh Götterkind, oh Friedensmaid
Komm nun, geh, 's ist an der Zeit
Sei ihr gewahr – ehe sie die Welt entzweit
Sich Tote zu Gebirgen heben
Große Männer Schrecken geben
Und Stoffe voller Unheil weben

Oh Du unbesorgtes Kind
Siehst Du nicht, wie alles geschwind
Durch gespreizte Finger rinnt
Und fortgetragen wird vom Gezeitenwind

Morgensonne – Blitz – seht das Licht
Dunkle Brillen im Gesicht
Unsichtbare Wellen
Die Bäume, Häuser, alles fällen

Selbst durch Mutter – Erde brechen
Um den eignen Tod zu rächen...

Sie

Hey, hey...hier...hallo
Oh nein...Du drehst Dich nicht um
Strafst mich und bleibst stumm
Folterst mich mit tiefer Stille
Brichst wie nichts Geist sowie Wille
Trägst soviel in eis'gen Klauen
Auf was kann ich vertrauen?
Soll ich Deinen kalten Pranken
Im heißen Schmerz vielleicht noch danken?
Darf ich hoffen auf den Morgen
Wahr, schön und ohne Sorgen?
Oh Freundin, glückliche, will ihn borgen
Bring ihn mir
Zum Dank, alles was Du begehrst, geb ich Dir
Alles, nur schenk' mir diesen Morgen
Reich an Glück und arm an Sorgen

Ihr

Ich kann wohl sagen, bitte
Ich kann wohl fragen, bitte
Und gewiß auch flehen, bitte
Doch dann und wann erscheint die Welt
so leer
so leicht
so seicht
und ausgesaugt
Als sei aus ihr entwichen
was sich lohnt, was taugt
Als sei all das gestrichen
was weiter reicht und nicht verblaßt
Nun bin ich klein, und selbst verblichen
Bin betrogen, bin gehaßt
Bin belogen, zu rasch gewichen
Vor Wahrheit und dem Leben
Schicksal? Pech? Will nichts darauf geben!

Ich*

Wollen wir?
Wollen wir?
Sollen wir?
Wirklich weitergehen?
Wahrhaft widerstehen?
Versuchen zu verstehen?
Nicht mehr blinzeln – weiter sehen?
Über Tellerrand und Portemonnaie ?
Oh – oh – es tut so weh!
Oh – oh – es tut so gut!
Honigsüß ist dieser Mut!
Keinen Schrecken hat die Glut!
Seelenheil jenseits dieser Klüfte ruht!

Und ich will
Und ich will
Und ich will
Gehen, sehen, gestehen, - verstehen
Verstehen
Verstehen
Verstehen
That's what keeps me
That's what keeps me
That's what keeps me down

Sehen verstehen

Sehen, wißt Ihr mehr?
Sehen – Schönheit – sehen
Überall, öffnet die Augen, überall
Es schreit tief in mir, quillt hervor, hervor zu Dir, dicht
an Dein Ohr, lauter, lauter als jemals zuvor
Sehen, fühlt Ihr mehr?
Sehen – Schönheit – sehen
Überall, öffnet die Augen, überall
Nehmt sie, legt sie auf Euer Herz, kühles Moos
vertreibt den alten Schmerz. Atmet frei, nehmt alles
auf, laßt Euch verzaubern, vertraut dem Lauf
Sehen, wollt Ihr mehr?
Sehen – Schönheit – sehen
Wollt Ihr endlich mehr?
Wollt Ihr endlich sehen?
Es quillt, tritt hervor, durchbricht Tor und Grund, leidet
sich gesund, bläst durch das Megaphon alter Lehren,
Ton für Ton toten Staub davon, zerbricht den
weltenschweren Thron
Seht! Seht doch nur! Überall!
Schönheit; Augen offen; Schönheit; Menschen hoffen
Rettet Euch und uns... vor dem Fall

*...enthält drei Zeilen aus „*Leave*" von R.E.M.